COMPAGNIE

DES

SERVICES MARITIMES

DES MESSAGERIES IMPÉRIALES

ASSEMBLÉE GÉNÉRALE DES ACTIONNAIRES

ORDINAIRE ET EXTRAORDINAIRE DU 31 MAI 1866

RAPPORT

DU

CONSEIL D'ADMINISTRATION

PARIS

IMPRIMERIE CENTRALE DES CHEMINS DE FER

A. CHAIX ET Cie

RUE BERGÈRE, 20, PRÈS DU BOULEVARD MONTMARTRE.

1866

COMPAGNIE

DES

SERVICES MARITIMES

DES MESSAGERIES IMPÉRIALES

ASSEMBLÉE GÉNÉRALE DES ACTIONNAIRES

ORDINAIRE ET EXTRAORDINAIRE DU 31 MAI 1866

RAPPORT

DU

CONSEIL D'ADMINISTRATION

PARIS

IMPRIMERIE CENTRALE DES CHEMINS DE FER

A. CHAIX ET Cie

RUE BERGÈRE, 20, PRÈS DU BOULEVARD MONTMARTRE.

1866

PRINCIPALES DIVISIONS DU RAPPORT.

		Pages.
I. Bilan		4
II. Exploitation		12
III. Services nouveaux. — Voies et moyens		19
IV. Des rapports de la Compagnie avec l'État et avec le commerce		26
V. Remplacement de deux membres du Conseil d'administration		54
VI. Résolutions proposées		55

RAPPORT DU CONSEIL D'ADMINISTRATION.

MESSIEURS,

Nous venons vous exopser le résultat de votre entreprise durant l'exercice 1865, vous demander d'en approuver les comptes, et vous proposer de fixer le dividende afiérent à cette période de votre exploitation.

Nous avons aussi à vous prier de mettre à notre disposition les voies et moyens nécessaires à l'exécution du service du littoral algérien qui nous a été récemment concédé, en même temps qu'au remboursement d'une portion des avances qui nous ont été faites par l'État.

Enfin nous désirons examiner à fond avec vous des questions complexes, qu'une discussion récemment engagée devant le Corps législatif a placées sous un jour défavorable à la bonne renommée de votre entreprise. Nous croyons qu'il y a tout avantage, pour le pays comme pour vous-mêmes, à ce que ces questions soient complétement élucidées.

Tel est, sous ses trois aspects principaux, le but de la réunion ordinaire et extraordinaire à laquelle nous avons eu l'honneur de vous convoquer, aux termes des articles 29, 30 et 35 des statuts.

CHAPITRE PREMIER

BILAN.

Nous vous entretiendrons d'abord du bilan, en passant en revue avec vous les grandes divisions de la situation que vous avez sous les yeux.

Matériel naval.

Le matériel naval, tant à flot qu'en chantiers, et le mobilier garnissant les bâtiments en service figuraient à l'actif du bilan, au 31 décembre 1865, pour une valeur totale de.......... ....Fr. 83,683,581 17

Au 31 décembre 1864, ce matériel n'atteignait qu'un chiffre de.................. .... 81,758,513 66

L'augmentation de................... 1,925,067 51
se décompose comme suit :

Augmentation dans la valeur des bâtiments à flot de.. .... 2,389,453 98
Réduction sur la valeur des navires en construction........................... 464,386 47

Différence égale.............. 1,925, 67 51

Au 31 décembre dernier, votre flotte, tant à la mer qu'en chantiers, se composait de soixante-trois navires :

18,640 chevaux de force,

112,146 tonneaux de déplacement.

Sur cet important ensemble, vous aviez encore à la fin de l'exercice qui nous occupe, en voie d'achèvement à la Ciotat, à des degrés d'avancement différents, trois bâtiments :

Le Niémen,

Le Tibre,

L'Éridan,

tous trois de 280 chevaux; à ces navires s'ajoute *le Rion,* acheté en vue d'une navigation spéciale dans la mer Noire, mais qui n'était pas encore entré en service à la date à laquelle nous nous arrêtons.

Les premières semaines de 1866 ont vu passer à l'état d'activité *le Niémen* et *le Rion. Le Tibre* est aujourd'hui en armement et *l'Éridan* vient d'être mis à l'eau. Avant le dernier trimestre de l'année, ces deux derniers navires seront venus s'ajouter à l'effectif de votre flotte.

Approvisionnements.

Les approvisionnements de toute nature réunis à Marseille, à la Ciotat, à Bordeaux, à Suez et dans les agences de vos diverses lignes présentent au bilan, une valeur de Fr.   13,094,685,82 se répartissant ainsi :

1° Exploitation.

Charbons en dépôt et en route, armements et
divers.   5,856,588,58

A *reporter.*   5,856,588,58

Report. 5,856,588,58

2° *Construction*.

Approvisionnements . . . . 5,248,386,47 ⎫
Travaux en cours dont la va-
   leur n'était pas appliquée   7,238,097,24
   au 31 décembre. . . . 1,989,710,77 ⎭

Ensemble. 13,094,685,82

Au bilan de 1864 cet article n'était que

de. 12,050,447,54

Augmentation en 1865 1,044,228,28

L'accroissement dont il s'agit porte en totalité sur le service de la construction et de l'entretien du matériel naval.

Outillage, mobilier et apparaux.

Les valeurs de votre actif comprises sous cette dénomination s'élèvent, au 31 décembre 1865, à . . . Fr. 3,729,886,10
Au bilan de 1864, elles n'étaient inscrites que

pour 3,175,077,39

Augmentation 554,808,71

Sur cette somme, 150,000 francs environ s'appliquent à l'accroissement de l'outillage; l'excédant de 400,000 francs, qui porte sur le mobilier et les apparaux, provient en majeure partie des compléments qu'a dû recevoir le matériel destiné aux opérations d'embarquement et de débarquement dans un certain nombre d'agences. C'est ainsi qu'il a été nécessaire de doter l'agence d'Alexandrie d'un ponton et de mahonnes à vous appartenant, et d'ajouter aux ressources de l'agence de Suez un petit remorqueur affecté aux communications entre les bords et la terre.

Immeubles et établissements.

Les immeubles appartenant à la Compagnic figurent à l'inventaire pour la somme de............Fr. 8,091,966 35
et présentent par comparaison avec le bilan précédent sur lequel elles n'étaient inscrites que pour................................. 6,276,932 21

Une augmentation de.................. 1,815,034 14

Les principaux travaux qui ont donné lieu à ces immobilisations sont les suivants :

A la Ciotat, nous avons commencé la construction de la forme de radoub dont vous entretenait spécialement notre rapport de l'année dernière.

Ce travail marche d'une manière satisfaisante, et nous avons plus que jamais la conviction de l'utilité que nous devons retirer de ce bassin de carénage, qui complète ainsi les moyens d'action de vos ateliers.

A Alger nous avons dû abandonner l'emplacement occupé par les magasins que nous avions fait construire, au début de votre entreprise en Algérie, et dans lesquels étaient déposées, sous la surveillance de la douane, les cargaisons de vos navires.

Il a fallu, sur un nouvel emplacement qui nous a été concédé, réédifier les constructions indispensables à la régularité des opérations. Il ne reste d'ailleurs plus trace dans nos comptes de la première construction, qui a pu être complétement amortie.

A Suez, nous avons poursuivi nos installations en construisant une troisième cité ouvrière pour les Européens, et un quartier spécial pour les Arabes. Les logements d'une partie de vos employés, qui n'avaient pu trouver place dans le bâtiment principal, ont été assurés par une construction annexe attenant à votre agence et dans laquelle le service des approvisionnements et des vivres a trouvé également le complément de locaux qui lui manquait.

Vos grands travaux de Saïgon ont marché avec activité ; ils touchent aujourd'hui à leur terme.

Shang-Haï a vu construire un quai en face des terrains qui vous appartiennent et qui bordent le fleuve.

A Yoko-Hama, enfin, on a commencé à élever les magasins destinés à recevoir le dépôt de charbon que réclame cette station extrême de votre ligne du Japon.

Valeurs de caisse et de portefeuille.

Ces valeurs présentent, dans leur ensemble, un excédant sans importance sur le chiffre de l'année dernière ; le nombre de vos obligations rachetées durant le cours de l'exercice a été d'environ 600.

Balance des débiteurs et créanciers divers.

Cette balance se compose d'une série d'éléments qu'il serait trop long d'analyser ici ; elle présente par comparaison avec l'exercice 1864 une amélioration de . . . . Fr.   177,421 02

Comptes créanciers et débiteurs avec le Trésor.

Votre compte débiteur avec le Trésor a été réduit d'une somme de **1,050,833 fr. 37 c.** montant du remboursement de la première annuité du prêt de 12,610,000 francs qui nous a été fait par l'État.

D'un autre côté nous avons recouvré 450,000 francs, solde du cautionnement de l'Indo-Chine Cette double opération s'est traduite par une diminution dans les engagements de la Compagnie de.......................... Fr.   600,833 37

Fonds d'amortissement.

Le fonds d'amortissement constitué à divers titres pour compenser la dépréciation du matériel naval, des immeubles et de l'outillage, en même temps que pour assurer l'amortissement des obligations, s'élevait, en 1864, à.. Fr.   23,178,895 03
Au bilan de 1865, il a atteint.... .....   25,557,193 16
Augmentation.....   2,378,298 13

Ce fonds a profité en 1865 :

D'une part, des prélèvements opérés pour l'amortissement du matériel naval...................... Fr.   3,260,247 48
D'autre part, des sommes prélevées pour amortissement des immmeubles et de l'outillage   182,427 50
Enfin, il y a lieu d'ajouter à ces deux sommes les intérêts acquis au fonds d'amortissement des obligations, soit...................   115,838 30

Total des réserves à titre d'amortissement   3,558,513 28
La différence entre ce chiffre et l'augmentation nette indiquée ci-dessus qui n'est que de   2,378,298 13
Soit.....   1,180,215 15

représente la dotation appartenant dans le fonds d'amortissement des navires aux deux paquebots disparus de votre flotte, en 1865, et dont les comptes ont dû être liquidés.

Fonds d'assurance.

Le montant de ces réserves atteignait, au
31 décembre 1864. . . . . Fr.   4,225,331 10
Elles figurent au bilan dé 1865 pour 4,147,882 36

Différence. 77,448 74

Cette différence est le résultat des opérations :
suivantes.

Le fonds d'assurance a reçu :

Prélèvements sur les produits de l'exercice
1865 à titre d'assurance des navires et pro-
duits accessoires. 2,029,280 57

Par contre, il a dépensé :

Montant des sommes payées à diverses Compagnies d'assurances pour la portion de risques non gardée à votre charge, d'une part, et,
de l'autre, contribution pour la liquidation de
la perte de *l'Hydaspe* et du *Béarn*, ensemble.   2,106,729 31

Différence égale. 77,448 74

C'est là une atténuation minime et qui justifie les prévisions
indiquées dans notre rapport de l'année dernière.

Fonds de réserve statutaire.

En 1864. . . . . Fr.   1,973,625 10
En 1865. . . . .   2,293,445 69

La différence. 319,820 59

représente le montant du prélèvement opéré sur les bénéfices de l'exercice 1865, en vertu de votre délibération du 31 mai 1865.

Obligations.

Les 5 millions de francs d'obligations que vous voyez figurer en plus au bilan, forment le solde du capital obligatoire prévu par vos délibérations antérieures, et dont l'émission, autorisée dès 1861, avait été ajournée jusque dans le cours du dernier exercice.

CHAPITRE II.

EXPLOITATION.

§ Ier. — ITINÉRAIRES.

En 1865, il n'a pas été apporté de modification aux itinéraires du service postal. La ligne du Japon a été inaugurée le 12 septembre. Celle de Batavia, la dernière qui restât à mettre en service, a été ouverte à la navigation au commencement même de l'exercice 1866.

Les parcours accomplis en 1865 comprennent 472,215 lieues marines, dont 25,743 ont été effectuées par des paquebots affrétés. La vitesse moyenne réalisée (abstraction faite des navires qui, appliqués à des services auxiliaires de transports, ne concourent pas à l'exécution des itinéraires réguliers) a dépassé 9ⁿ5. Sur les grandes lignes les trajets ont été faits avec une vitesse remarquable. Un voyage de Yoko-Hama à Marseille, auquel ont concouru quatre de vos paquebots, a été achevé en 43 jours, comprenant 32 jours de navigation et 11 jours répartis entre neuf stations. Avant l'ouverture du service postal français le voyage le plus rapide de Yoko-Hama à Marseille s'était accompli, si nous sommes bien informés, en 52 jours.

Sur la ligne du Brésil les paquebots ont réalisé de remarquables vitesses depuis qu'ils ont reçu de nouvelles chaudières.

En 1864 le parcours général avait embrassé 465,582 lieues, 1865 a donc eu à supporter la dépense de 6,633 lieues de plus. En 1864 il n'avait été fait que deux voyages sur la ligne de Maurice, dont le parcours n'avait pas dépassé 5,063 lieues. En 1865 ce service, fait en plein, représente 30,413 lieues. La ligne du Japon a mis, en outre, à la charge de l'exercice 2,070 lieues.

L'envoi extraordinaire de deux paquebots pour remplacer *le Béarn* et relever *la Saintonge* a augmenté de 2,871 lieues le parcours normal des lignes de l'océan Atlantique.

Dans la Méditerranée les parcours ont été réduits comparativement à 1864, par suite de la diminution du nombre des voyages réguliers entre Marseille et les divers ports de la côte d'Italie.

En 1864 le parcours moyen d'un paquebot avait été de 7,209 lieues. En 1865 il a été de 7,812. Plus-value d'utilisation 8,36 0/0.

Dans le total de 472,215 lieues sont compris pour 464,647 seulement les trajets obligatoires ou facultatifs que vos paquebots exécutent en service réglé. L'excédant, 7,568, s'applique à ces traversées extraordinaires que nécessitent les avaries ou les envois en station. Le parcours normal s'est réparti en 1865 entre les trois grandes divisions de vos services dans les proportions suivantes :

Méditerranée et mer Noire	304,526 L. M.
Océan Atlantique	55,971 »
Indo-Chine	104,150 »
	464,647 L. M.

Dans le chiffre afférent à l'Indo-Chine n'est pas compris, bien qu'il fasse normalement partie du réseau d'après la convention de 1861, le parcours de 11,264 lieues qu'exige annuellement dans la Méditerranée le service de correspondance avec la ligne principale de Chine. Comme les années précédentes, ce parcours a continué de figurer dans les itinéraires de la Méditerranée.

§ II. Dépenses.

Les dépenses générales de l'exploitation, y compris les frais généraux, se sont élevées en 1865 à... Fr. 38,214,656 13
Relativement à 1864, elles réalisent une augmentation de................................... Fr. 648,497 94
Cette augmentation se justifie par le développement même de la navigation, et tout particulièrement par ce fait que les réductions de parcours se sont produites dans la Méditerranée, tandis que les accroissements ont porté sur une navigation notablement plus onéreuse. En 1865, en effet, il a été ajouté 28,798 lieues aux parcours exécutés en 1864 dans les mers de l'extrême Orient, et 2,871 dans l'océan Atlantique. Une aggravation signalée de la dépense générale aurait été la conséquence de pareils changements si, dans l'ensemble, on n'était pas parvenu à réaliser de sérieuses économies.

§ III. — TRAFIC

Statistique générale.

Vos opérations de transport en 1865 se résument ainsi qu'il suit :

Nombre de passagers.	Civils................	123,081
	Officiels..............	30,192
	Total.........	153,273

Relativement à 1864 : en moins 10 0/0

Quantités de matériel.		Colis.	Tonnes.
	Marchandises........	1,835,356	168,437
	Matériel de l'État.....	4,162	1,420
	Total.........	1,849,519	169,857

Relativement à 1864 : en plus 7 0/0.

Espèces transportées. . . . . fr. 344,614,733

Relativement à 1864 : en moins 15 1/2 0/0.

Ces données font voir que, dans ses deux grandes divisions, le trafic a fléchi. L'augmentation des quantités de marchandises transportées n'entraîne pas, en effet, par voie de conséquence, une amélioration proportionnelle de cette partie de vos recettes, la nature de la marchandise transportée exerçant nécessairement son influence sur le résultat, et, d'autre part, les frets tendant toujours à s'abaisser en présence du développement de la concurrence.

Comparés aux résultats de 1864, les produits commerciaux sur toutes les lignes n'ont cependant décliné dans leur ensemble que de 3 1/4 0/0 environ.

Sur le produit des passages, la moins-value totale a été peu sensible ; c'est donc sur le fret en marchandises que cette diminution porte pour ainsi dire tout entière.

Méditerranée et mer Noire.

Le choléra s'est manifesté en Égypte au commencement de juin. Il a envahi promptement tout le bassin oriental de Beyrouth à Smyrne et de Marseille à Constantinople jusqu'au fond de la mer Noire ; puis le bassin occidental, l'Italie, l'Espagne et le littoral africain. Les effets s'en sont fait sentir jusqu'en janvier 1866. En Sicile, en Grèce, les relations ont été à peu près supprimées, et, pendant plusieurs mois, vos navires ont été repoussés des ports. Sur d'autres points les opérations ont été considérablement réduites. Nulle part on ne communiquait qu'entravé par des règles prohibitives, dont la cessation même du danger n'amenait pas l'abandon.

Dans le détroit de Messine, devant Palerme, devant le Pirée et Syra, devant Valence, même devant Alger, les paquebots ont dû stationner en mer, exposés ainsi à de sérieux dangers. La vigilance de vos capitaines les a préservés ; mais, exploitée dans de telles conditions, l'industrie des transports maritimes est soumise à une véritable crise. Les chances de transports se perdent et les chargements même que l'on parvient à réaliser subissent des frais exagérés qui diminuent sensiblement, pour le commerce aussi bien que pour l'armateur, les produits de l'opération. Si nous ajoutons que vos paquebots soumis, au point de vue sanitaire, à une surveillance spéciale, n'ont apporté aucun cholérique en France et que, néanmoins, ils ont été momentanément enveloppés dans la répulsion qu'inspirait aux populations effrayées tout arrivage de la mer, nous vous aurons fait partager, Messieurs, les émotions que nous avons traversées.

En somme, relativement à 1864, l'ensemble du trafic de la Méditerranée a perdu près de 15 0/0 ; cette perte a affecté, pour les 2/3 environ, le produit des marchandises. Dans le bassin oriental, l'Égypte et la Syrie déduites, la perte a atteint particulièrement la ligne de Constantinople et le réseau des lignes annexes qui rayonnent autour du centre de nos opérations dans ces parages.

Depuis le mois de janvier le trafic avait repris son cours, et nous ne pourrions entrevoir que des perspectives encourageantes si l'inquiétude que cause à l'Europe l'éventualité d'un grand conflit ne menaçait encore de paralyser la marche des affaires.

Océan Atlantique.

Sur les lignes du Brésil et de la Plata vous avez subi relativement à 1864, une réduction de 2 0/0. La différence entre les recettes des deux années est sans importance ; mais l'exploitation de 1865 est grevée, comme nous l'avons fait remarquer, d'un surcroît de parcours, et c'est eu égard à la comparaison des parcours que se produit surtout la différence signalée.

Tout présage pour 1866 des résultats satisfaisants. La confiance du public des voyageurs vous est acquise, sans que rien ait pu l'ébranler, et votre trafic en marchandises est en progrès.

Lignes de l'Indo-Chine.

Nous vous entretiendrons plus en détail de ces lignes dans une autre partie de ce rapport. Nous nous bornons à constater que les principales branches du réseau indo-chinois sont en progrès, et que si l'amélioration ne s'accuse pas d'une façon aussi marquée sur les produits généraux de cette partie de votre exploitation, c'est à la mise en service de la ligne de Maurice qu'il faut surtout l'attribuer.

Si l'on isole en effet la ligne de Maurice, on trouve sur les autres parcours un progrès de près de 18 0/0.

§ IV. — LIQUIDATION DE L'EXERCICE.

L'exercice 1865 se présente, quant au rendement final, dans les conditions suivantes :

Recettes de toute nature.......... Fr. 44,046,708 27

Dépenses générales d'exploitation, y compris les prélèvements pour assurances, amortissement et dépréciation.... 37,370,165 58

Excédant..... Fr. 6,676,542 69

Report.....   6,676,542 69

A déduire :

Service des obligations et diverses
liquidations .... Fr.   844,491 15

Solde en bénéfice..... Fr.   5,832,051 54

Nous vous proposons, Messieurs, de prélever, aux termes de
l'article 39 des statuts, 5 0/0 du montant en solde de bénéfice de 5,832,051 fr. 54 c. pour venir en accroissement du
fonds de réserve statutaire........... Fr.   291,602 57

et de fixer à 50 francs, dont 20 francs
déjà payés, le dividende de l'exercice
1865, ci........................   5,500,000 »

Le surplus, de. ...   40,448 97

entrerait, sauf liquidation de l'exercice
1865, dans les comptes de profits et
pertes de 1866.................. Fr.   5,832,051 54

CHAPITRE III

SERVICES NOUVEAUX. — VOIES ET MOYENS.

Ordinairement depuis 1861, nous consacrons une partie spéciale de notre rapport annuel à vous entretenir des questions qui n'appartiennent, à proprement dire, ni à l'examen du bilan, ni au compte rendu des résultats de l'exploitation. Cette année nous vous demandons la permission de diviser l'exposé qu'il nous reste à vous faire et de vous entretenir d'abord de deux traités de quelque importance conclus, depuis votre dernière assemblée, avec le gouvernement français et avec le gouvernement de S. A. le Vice-Roi d'Egypte. Nous aurons à vous demander les voies et moyens pour l'exécution des engagements que nous avons contractés.

Le premier en date des deux traités est celui que nous avons signé avec le gouvernement égyptien, le 22 octobre dernier, pour rendre possible l'exécution, en avant du bassin de radoub en rade de Suez, d'un port de débarquement dont nous avions depuis longtemps proposé la création à S. A. Ismaïl-Pacha.

Le Vice-Roi a bien voulu prendre l'engagement de faire construire un bassin à flot de quinze hectares, permettant, par sa profondeur, aux plus grands navires à vapeur d'entrer et de sortir à toute heure de jour et de nuit.

Il sera construit conformément au tracé donné par l'habile ingénieur des ponts et chaussées M. Stœcklin, qui a dressé les plans et dirigé l'exécution du bassin de radoub. 200 mètres de quai, dont l'emplacement a été désigné, seront affectés pour toute la durée de votre entreprise, à l'accostage de vos paquebots. Deux de vos grands navires pourront ainsi être maintenus bord à quai. Sur les terre-pleins bordant le quai, le gouvernement doit construire à ses frais, moyennant un loyer modéré, les bâtiments d'exploitation dont un plan a été joint au traité et qui donneront ample satisfaction aux convenances des passagers embarquant sur vos paquebots ou en débarquant, ainsi qu'aux besoins de votre personnel et aux exigences de vos mouvements de matériel. Cette combinaison modifiera, dans le sens d'une amélioration radicale, l'organisation et le fonctionnement de l'exploitation des paquebots à Suez.

Le service postal, les opérations du transit des passagers et des marchandises, y trouveront toutes les garanties de célérité et de sécurité sous le rapport desquelles le régime actuel a pu laisser à désirer. La Compagnie Péninsulaire et Orientale, dont nous n'avions jamais cessé d'appeler l'intérêt sympathique sur la création possible d'un port à Suez, a récemment reconnu l'importance de cette œuvre, et nous savons qu'elle n'est pas moins désireuse que nous, aujourd'hui, de voir conduire à terme les travaux qui donneront à ses paquebots comme aux vôtres, une base solide d'opérations.

Nous avons pensé qu'il était de notre devoir de saisir la première occasion qui nous était offerte de témoigner publiquement la gratitude dont votre Compagnie doit être pénétrée, pour la bienveillante confiance dont le Vice-Roi lui a donné des marques dans toute cette transaction.

Nous rendrons en même temps hommage au désintéressement absolu, aussi bien qu'aux talents hors ligne de M. l'ingénieur Stœcklin, qui a préparé, sans vue d'avenir pour lui-même, ces combinaisons dont la conception sera un souvenir d'honneur pour toute sa carrière.

Il nous reste, Messieurs, à vous parler du marché que nous

avons signé avec le département de la guerre, le 11 mai courant.

Vous n'ignorez pas que, depuis longtemps, le gouvernement avait la pensée de substituer au service de navigation que la marine entretenait sur le littoral algérien, d'Oran à Philippe-ville et à Bône, une ligne commerciale confiée à l'industrie privée, et destinée à favoriser le développement des communications et des échanges entre les différents ports de notre colonie africaine ; le principe de cette création était inscrit dans le cahier des charges annexé au marché du 25 février 1854, qui a mis dans nos mains les services postaux entre Marseille et l'Algérie.

L'article premier du cahier des charges consacrait, en effet, un droit de préférence à notre profit, au cas où l'intention qu'avait dès lors le gouvernement viendrait à se réaliser.

Le voyage accompli par S. M. l'Empereur en Algérie, l'an-née dernière, avait fourni l'occasion de faire valoir de nouveau l'intérêt qui s'attache à la création de ce service, et une pro-messe impériale avait donné, en principe, satisfaction au vœu de la colonie.

C'est à la suite de cette promesse, que le département de la guerre a fait préparer, par une commission spéciale, les projets de cahier des charges, dont une décision ministérielle du 12 décembre dernier a adopté les termes, en arrêtant qu'il serait procédé à la concession par voie d'adjudication publi-que. Cette décision réservait, conformément au marché de 1854, le droit de préférence qui nous était garanti.

Un premier cahier des charges, comprenait un parcours an-nuel de 14,418 lieues, réparties entre cinquante-deux voyages d'Alger à Bône, et trente-six seulement d'Alger à Oran, pour desservir les ports du littoral algérien.

Par un second cahier des charges, distinct du premier, la commission proposait au ministre l'établissement d'un service d'Oran à Tanger, mettant en communication notre colonie avec les ports du sud de l'Espagne, Malaga, Gibraltar, et comprenant un parcours supplémentaire de 6,336 lieues.

La concession de ces services avait une durée limitée de cinq années, et devait prendre fin en même temps qu'arriverait à échéance votre marché de 1854, prorogé jusqu'en juillet 1871, par la convention du 28 novembre de la même année.

Les résultats de l'adjudication furent :

1° Une offre d'effectuer le service d'Oran à Bône, moyennant une subvention de 28 fr. 50 par lieue.

2° Une seconde offre acceptant l'exécution de la ligne annexe d'Oran à Tanger, moyennant le prix ferme de 120,000 francs, fixé par le cahier des charges ; ce prix, représentant un peu moins de 20 francs par lieue, avait été déterminé en raison de l'échantillon réduit des navires exigés pour ce dernier service.

Votre Compagnie fut immédiatement mise en demeure par le ministre de faire connaître si elle entendait ou non exercer le droit de préférence qui lui était réservé.

Nous ne dirons pas, Messieurs, employant une expression un peu vulgaire, qu'il est possible de faire de la navigation à tous prix ; mais il est évident qu'un service de navigation à vapeur, exécuté dans de certaines conditions, coûte notablement plus cher que s'il est accompli dans des conditions moins parfaites. Les chiffres de subvention sur lesquels nous étions appelés à prendre une décision étaient inférieurs à ceux que nous avions sollicités, et qui nous avaient paru nécessaires pour assurer à l'exécution des nouvelles lignes le régime de confort, de régularité et de rapidité que le public est habitué à rencontrer dans les diverses branches de votre exploitation.

Nous eussions donc, à certains égards, sans regrets, renoncé à entreprendre un service secondaire qui, pour être rémunénateur, demandait à être exécuté dans des conditions spéciales et nous nous fussions abstenus de revendiquer les droits qui nous étaient garantis, s'il ne nous eût profondément répugné de refuser à l'État le concours qu'il nous demandait, et si, en même temps, la prise de possession de cette navigation subventionnée par une entreprise concurrente, n'eût pas été de nature à porter atteinte au trafic de votre réseau, en favorisant l'établissement d'une correspondance directe et intime entre les lignes subventionnées du littoral, et les services libres que les concessionnaires n'auraient pas manqué de constituer sur nos parcours entre la France et l'Algérie.

La création des services du littoral africain ne devait d'ailleurs exiger qu'une mise dehors de fonds limitée, eu égard à l'ensemble du capital engagé dans votre entreprise.

Trois navires en activité pouvaient à la rigueur pourvoir à cette navigation, et la prévision d'un quatrième bâtiment, comme en-cas capable de venir en aide en même temps à votre flotte sur les autres lignes, devait assurer tout le complément de matériel naval nécessaire, sans engager une somme supérieure à 4 millions ou 4 millions 500,000 francs.

Une ressource de 5 millions, comprenant, indépendamment du chiffre ci-dessus applicable aux constructions, une prévision de 500,000 à 600,000 francs pour approvisionnements divers, charbon, vivres et fonds de roulement, suffisait ainsi à constituer l'ensemble des voies et moyens destinés à faire face aux nouveaux engagements que le département de la guerre réclamait de votre Compagnie. La réalisation de cette ressource ne pouvait pas rencontrer de difficultés.

Telles sont les considérations qui nous ont déterminés à exercer notre droit de préférence et à devenir concessionnaires des services du littoral de l'Algérie.

En répondant ainsi à l'appel de S. Exc. le Ministre de la Guerre, nous avons eu la satisfaction de donner un nouveau gage du désir constant de votre Compagnie de se prêter aux convenances de l'État, et nous croyons, par là même, avoir consolidé votre réseau des lignes d'Algérie.

Vous vous rappelez, d'autre part, Messieurs, les conditions auxquelles le gouvernement, en confiant à votre Compagnie l'exécution des services de l'Indo-Chine, a consenti à mettre temporairement à votre disposition, à titre de prêt, une somme de 12 millions qui vous a permis de réduire l'importance du premier appel à faire au crédit pour la formation de votre capital, mais qui doit être remboursée au Trésor en douze annuités.

La première de ces annuités a déjà été acquittée, ainsi que nous avons eu occasion de vous le faire remarquer en passant en revue les principaux articles du bilan. Onze annuités restent encore à rembourser et vous avez à y pourvoir. Sans vouloir embrasser dès à présent cette longue période, il nous paraît prudent d'assurer les voies et moyens indispensables aux reversements à faire à l'État, qui devront s'échelonner de l'année courante à l'année 1870. Ce serait ainsi une nouvelle ressource de 5 millions qu'il serait nécessaire de mettre à notre disposition.

Si vous adoptiez, Messieurs, les vues que nous venons d'avoir l'honneur de vous exposer, nous vous demanderions l'autorisation d'émettre, au fur et à mesure de nos besoins. et de réaliser, au mieux des intérêts de la Compagnie, jusqu'à concurrence de 10 millions de francs, en obligations de notre Compagnie. La première moitié de ce capital serait affectée à la construction du matériel naval qu'exige l'accomplissement des parcours supplémentaires que nous avons à effectuer sur le littoral algérien; la seconde moitié pourvoirait à l'acquittement des annuités dues à l'État jusqu'en 1870.

Il ne vous échappera pas qu'à cette époque l'emprunt de 1856, qui s'élevait à 8 millions de francs, sera intégralement remboursé.

Votre dette, dont l'ensemble atteignait 30 millions de francs,
savoir :

1° 36,000 obligations représentant...... Fr.   18,000,000
2° Prêt de l'État.....................   12,000,000

Ensemble..... Fr.   30,000,000

se trouvera alors ramenée à :

1° Une somme en obligations de....... Fr.   20,000,000
2° Une dette envers l'État réduite à....   6,000,000

Ensemble...... Fr.   26,000,000

En 1870, votre actif se sera donc non-seulement enrichi de
la valeur du matériel construit en augmentation d'effectif, mais
votre capital obligatoire sera limité à un chiffre inférieur de
4 millions à celui dont votre exploitation a aujourd'hui à supporter les intérêts.

CHAPITRE IV.

DES RAPPORTS DE LA COMPAGNIE AVEC L'ÉTAT ET AVEC LE COMMERCE.

Nous espérons vous avoir démontré, Messieurs, que votre entreprise a traversé aussi heureusement que possible, cette année, des circonstances difficiles, et que son avenir s'annonce sous des auspices favorables. Cette situation ne vous donnerait pas satisfaction complète, si nous n'étions pas en droit d'ajouter, comme les années précédentes, que vous restez en possession de la confiance du gouvernement. que vous n'avez en rien démérité des sympathies publiques.

Un incident qui s'est produit récemment dans le sein du Corps législatif n'a sans doute porté aucune atteinte à cette considération traditionnelle des vieilles Messageries, qu'ont affermie pour vous quinze années bientôt d'une exploitation sans reproche. Mais vous n'avez pas été défendus dans la controverse publique qui s'est inopinément ouverte sur la conduite de vos propres affaires ; et, si nous ne saisissions pas l'occasion qui nous met en présence des juges les plus intéressés à examiner cette conduite, nous pourrions laisser naître des inquiétudes fondées sur la propagation d'erreurs facilement réfutables.

Dans la discussion de l'Adresse d'abord, ensuite à l'occasion de la loi sur la marine marchande, la Chambre a entendu les assertions suivantes :

« Les Compagnies subventionnées se servent de la subvention

» *pour favoriser le commerce étranger, au détriment du com-*
» *merce national.*

» *La Compagnie des Messageries impériales, qui, chaque année,*
» *reçoit de l'État, pour douze voyages dans l'Indo-Chine,*
» *7,500,000 francs, c'est-à-dire 625,000 francs par voyage,*
» *porte les soies orientales à Londres au même prix qu'à*
» *Marseille.*

» *L'industrie française, que devrait protéger la distance de*
» *1,200 kilomètres entre Marseille et Londres, perd cette protec-*
» *tion naturelle par l'effet de tarifs combinés entre les Compa-*
» *gnies investies de monopoles. Les fabricants de Lyon, au lieu*
» *d'avoir un marché sérieux à Marseille, sont obligés d'aller*
» *acheter les soies à Londres, par des intermédiaires, pour les*
» *ramener à Lyon.*

» *La France ne doit pas payer de subvention à des Compa-*
» *gnies qui ne tiennent aucun compte de ses intérêts et amoin-*
» *drissent ses marchés.*

» *Le gouvernement doit intervenir au nom des contribuables*
» *qui sont les associés de la Compagnie puisqu'ils paient la sub-*
» *vention; il doit revendiquer pour le commerce français les*
» *conditions naturelles, justes et équitables qui lui appar-*
» *tiennent.* »

Ces accusations sont injustes. Elles ont pour point de départ une erreur matérielle. Elles s'appuient sur des doctrines complétement erronées.

En fait, il n'est pas exact que les soies chargées en Chine sur vos paquebots soient portées à Londres au même prix qu'à Marseille. Pour Londres, elles sont frappées, au lieu d'expédition, d'une surtaxe de 160 francs, représentant les frais de transit. Nos connaissements en font foi ; nous avons publiquement offert de les montrer à qui voudrait s'en assurer. Nous avons, d'ailleurs, à l'appui de notre parole, la preuve morale la plus décisive, une lettre de la Chambre de commerce de Lyon. Cette lettre la voici :

A Messieurs les administrateurs de la Compagnie des services maritimes des Messageries impériales.

« Lyon, 12 avril 1866.

» MESSIEURS,

» Notre Chambre de commerce a reçu la lettre que vous lui avez
» fait l'honneur de lui écrire le 7 courant, pour lui demander s'il
» était parvenu à sa connaissance aucun fait qui fût de nature à jus-
» tifier l'assertion que votre Compagnie portait à Londres les soies
» de Chine au même prix qu'à Marseille.

» Nous nous hâtons de vous déclarer que notre Chambre n'a jamais
» été saisie à ce sujet d'aucune plainte ; elle ignore si des dérogations
» ont pu être faites au tarif officiel qui accorde une différence de
» 20 taels en faveur de Marseille.

» Elle se plaît, à cette occasion, à rendre témoignage des avantages
» qui résultent pour son commerce et sa principale industrie de l'éta-
» blissement du service postal de l'Indo-Chine confié à votre Compa-
» gnie. Elle admet que votre Compagnie doit subir la concurrence de
» ses rivales, les Compagnies anglaises, et, bien qu'il y ait intérêt à
» ce que les soies soient livrées à l'industrie le meilleur marché pos-
» sible, elle juge que les intérêts de ses manufactures et de son com-
» merce ne seraient pas sacrifiés quand bien même cette concurrence
» ne laisserait que de faibles avantages sur les frais de transport.

» L'usage de la place de Lyon était de demander, en majeure
» partie, au marché de Londres, les soies de Chine et du Japon que
» l'industrie lyonnaise emploie. Depuis quelques années, les maisons
» de Lyon font des achats directs en Chine et au Japon ; la propor-
» tion de ces achats tend sensiblement à s'accroître depuis l'établis-
» sement du service postal français.

» En cherchant à attirer au transit à travers la France, avec sta-
» tionnement à Marseille, les soies destinées au marché de Londres,
» les Messageries ont déterminé un mouvement nouveau qui ne peut
» que favoriser le développement du marché français.

» Rien ne peut nous faire supposer que les opérations des Messa-
» geries dans l'Indo-Chine aient favorisé les intérêts anglais au dé-
» triment du commerce national.

» Notre Chambre de commerce estime, au contraire, que la créa-
» tion d'une communication régulière, sous pavillon français, avec
» les Indes et la Chine, qu'elle a elle-même vivement sollicitée, a
» déjà fait naître un mouvement de trafic qui doit acquérir, d'année
» en année, une importance croissante, importance éminemment favo-
» rable à l'avenir de son commerce et de sa principale industrie.

» Veuillez agréer, Messieurs, l'assurance de notre considération
» très-distinguée,

» Le secrétaire,

» *Signé* : H. JAME.

Le président,

Signé : BROSSET AÎNÉ. »

Emanant des représentants en titre de ce marché français
des soies qu'on nous accuse d'avoir sacrifié, ce témoignage
semblerait rendre toute autre explication superflue.

Mais, après rectification de l'erreur matérielle, il nous reste
le devoir de discuter les doctrines qui nous sont opposées. Dans
l'intérêt des rapports que l'avenir réserve à votre entreprise
avec le gouvernement et avec le commerce, nous ne devons
pas laisser dénaturer les principes essentiels qui sont la base
de vos contrats. Nous énonçons succinctement ces principes :

*La Compagnie subventionnée pour le service postal n'est inves-
tie d'aucun monopole.*

*La subvention n'est que la rétribution, fixée par contrat, du
service rendu.*

*L'État n'est pas l'associé de la Compagnie, qui exploite à ses
risques et périls, et n'a droit qu'au subside promis, après fidèle
exécution de ses engagements.*

La subvention couvre la différence calculée entre les produits commerciaux compatibles avec les servitudes inhérentes au service postal et les dépenses de l'exploitation grevée des charges que comporte ce service.

Sous la réserve de ces servitudes, l'entreprise commerciale est et doit être entièrement libre, puisqu'elle subit la libre concurrence de toutes autres entreprises de navigation.

La Compagnie remplit ses devoirs envers l'État, quand elle réalise une navigation sûre et régulière, et qu'elle porte avec honneur en tous lieux le pavillon qui couvre ses navires.

Elle remplit ses devoirs envers le commerce national, si elle favorise de tous ses moyens la circulation des personnes, et si elle attire sous son pavillon le plus grand mouvement possible de matières premières et de marchandises.

Tels sont les devoirs essentiels de toute entreprise de navigation subventionnée pour le service postal.

Vouloir élargir le cercle de ces devoirs, c'est en méconnaître l'importance ; c'est s'exposer à sacrifier à des espérances chimériques le but certain où ils conduisent.

Lorsque dans un débat engagé devant la Chambre sur les plus graves affaires du pays, on entend dénoncer comme ayant trahi les intérêts nationaux une Compagnie vouée depuis quinze ans à servir ces intérêts ; lorsqu'on entend, au même moment, émettre la pensée que, plutôt que de continuer les subsides sans lesquels le mouvement d'expansion du commerce national ne pourrait pas être soutenu, mieux vaudrait s'adresser aux paquebots étrangers, en payant le port des correspondances ; on se demande si les notions les plus élémentaires sont tout à coup tombées en oubli. Les esprits éclairés ne savent-ils plus déjà le but que se proposent les grands États, quand ils organisent un service de navigation postale ; sur quelles bases une telle organisation peut être assise, les sacrifices qu'elle exige et les avantages qu'elle promet en retour ? Si familières que soient pour vous ces notions, Messieurs, nous vous demandons la permission de les rappeler devant vous, parce que vous ne serez pas seuls à les recueillir.

Il est évident qu'un État n'aurait avec les contrées dont il est séparé par la mer, que des relations incertaines, pour son commerce comme pour sa politique, s'il ne trouvait pas dans les combinaisons d'une navigation rapide, régulière et sûre, l'équivalent des moyens de communication qui se multiplient à terre, de nos jours, entre les nations séparées par les plus grandes distances.

La navigation postale n'assure pas seulement le transport fidèle des correspondances. Elle donne au dehors l'idée de la puissance du pays qui l'entretient. Lorsqu'elle joint à la vitesse, à la sécurité, la plus grande somme possible de bien-être pour les passagers, elle incite aux voyages, aux entreprises du commerce ; elle rend, au centuple, au pays ce qu'elle lui a coûté.

Une nation qui se cantonnerait systématiquement dans l'isolement, pourrait seule dédaigner ce moyen d'influence. Tout peuple, au contraire, qui attend de la multiplication de ses rapports avec les autres peuples son agrandissement moral et l'accroissement de sa richesse, doit s'appliquer à étendre sur les mers ses communications régulières. Cette pensée a inspiré la politique des grands ministres de notre pays qui ont pratiqué le système de la protection, et Colbert en première ligne. Sous le régime de la liberté commerciale, elle n'a rien perdu de son autorité. Les paquebots sont les pionniers du commerce maritime.

Aussi l'Angleterre a-t-elle montré une constante application à étendre ses communications postales à la mer.

Aujourd'hui toute une flotte de steamers porte sur les rivages les plus lointains les expéditions du libre commerce de l'Angleterre. Néanmoins l'Angleterre persiste à maintenir les avantages décisifs que lui a donnés la navigation périodique et rapide.

Elle sait que plus le commerce est actif et répandu dans le monde, plus il a besoin que les correspondances soient rendues à destination promptement et à date fixe. En 1865, elle consacrait encore 22 millions de francs à subventionner les Compagnies postales.

Les États-Unis d'Amérique ont depuis longtemps, imité l'Angleterre. Ils viennent de donner une preuve frappante de l'intérêt qu'ils attachent à élargir le réseau de leurs communications postales d'outre-mer. Ils pouvaient se tenir satisfaits de l'activité de leur commerce dans les eaux de la Chine et du Japon, où le pavillon américain, engagé dans des entreprises privées de navigation à vapeur, joue un rôle presque égal à celui de la marine anglaise. Cependant, en pleine guerre civile, ils n'ont pas hésité à s'imposer la dépense du subside réclamé par l'organisation d'une ligne postale destinée à relier l'Amérique au Japon et à la Chine, à travers l'océan Pacifique.

En France c'est en 1836 que fut créé dans la Méditerranée le premier service de navigation à vapeur pour le transport des dépêches. Il réussit du premier coup et seconda puissamment l'influence française dans le Levant. Mais, organisé en régie, il coûtait cher et ne favorisait pas assez les développements du commerce. L'Angleterre, après essai du service en régie, avait fait appel avec succès au concours des Compagnies de navigation. On fit de même en France. En 1851 fut réalisé avec les Messageries impériales le premier accord durable pour un service postal subventionné. Le contrat, modelé sur les marchés pratiqués en Angleterre, reposait sur une double base : entreprise commerciale libre et vivant des produits de son exploitation ; utilisation par l'État des moyens de transport de cette entreprise, et, à raison des servitudes que le service postal impose, assistance financière calculée pour combler l'écart prévu entre les recettes et les dépenses de l'exploitation. C'est ce qu'on appelle la subvention. Voilà tout le contrat.

Il ne constitue pas un monopole. Tout armateur est en droit d'exploiter votre réseau ; la mer est libre. En fait, depuis quinze ans, vous opérez en concurrence avec de puissantes Compagnies étrangères subventionnées ; au premier rang la Compagnie Péninsulaire, le Lloyd autrichien, la Compagnie Russe. L'Italie, l'Espagne, la Turquie, l'Égypte, la Grèce, ont des lignes de navigation postale parallèles aux vôtres. Les paquebots de ces Sociétés, les navires de dix Compagnies privées de l'Angleterre, ceux des Compagnies françaises dont l'importance s'accroît d'année en année, enfin nombre de steamers isolés et la masse des voiliers, vous font également concurrence.

Votre entreprise non plus n'est pas *protégée* dans le sens que le budget attache à ce mot lorsqu'il l'applique, par exemple, aux encouragements à la pêche maritime. Ce n'est pas le succès de l'exploitation commerciale que la subvention a pour but de garantir ; c'est la complète exécution et la durée du service postal. La subvention n'est que la rétribution du service rendu à l'État.

Le service postal exige la vitesse et la régularité. Il ne peut s'accomplir qu'à l'aide d'un personnel de premier choix et d'instruments perfectionnés. Or ce choix, cette vitesse, cette régularité, se paient cher. Les dépenses d'un service dominé par ces exigences sont fort au-dessus de celles que peut supporter la navigation libre, même lorsqu'elle rencontre les chances les plus favorables. Nulle part on n'est encore parvenu à couvrir avec les seules ressources de l'exploitation commerciale. le surcroît de dépenses inhérent au service postal.

La régularité absolue n'est pas seulement un obstacle à la réalisation des profits ; elle peut déterminer les pertes les plus sérieuses en obligeant à naviguer en tout temps, en crise politique ou commerciale, en cours d'épidémie intense. Cette année le choléra vous a coûté 1,500,000 francs. En 1857, au lendemain de la guerre de Crimée, vos recettes ont décru de

4,500,000 francs comparativement à l'année précédente. Écar-
tant la part des transports officiels que la paix avait brusque-
ment supprimés, la perte sur les produits commerciaux atteignait
1,800,000 francs.

Une autre obligation imposée à l'entreprise est d'embarquer,
gratuitement ou à prix réduit, les passagers officiels, le matériel et les finances de l'État. Cette obligation prive la Compagnie d'une recette importante. Elle rend à l'État, en épargne,
une notable partie de la subvention. Dans la Méditerranée seulement, pendant douze années, de 1854 à 1865, la valeur de ces
passages et de ces transports s'est élevée à 27,671,305 francs.
Pour chaque année, c'est une somme nette de 2,306,000 francs
rendue au Trésor. Il y faudrait joindre le produit de la taxe
des correspondances, qui constitue pour l'État, une recette directe et n'est pas moindre de 500,000 francs. La somme récu-
pérée atteindrait ainsi 2,800,000 francs par année ; et comme la
moyenne de la subvention annuelle a été, dans la Méditerranée,
de 5,811,000 francs, l'État a recouvré, de ce double chef, près
de 50 0/0 du montant de la subvention, réduite en réalité à
3 millions de francs.

De ces charges, de ces servitudes vous n'avez pas à vous
plaindre ; vous devez vous applaudir de l'épargne qu'elles ont
ménagée à l'État ; mais à une condition : c'est que, le service
postal une fois garanti, même au prix de vos intérêts commerciaux, vous aurez pour féconder ces intérêts, toute la liberté que
n'interdit pas l'accomplissement du service postal.

Cette liberté, vos contrats vous l'accordent sans restriction.
Vous n'êtes tenus à l'établissement d'aucun tarif. Comme tout
armateur, vous restez maîtres de fixer les prix du transport, selon
les fluctuations de l'offre et de la demande. Si vous avez publié
des tarifs, c'est pour la commodité du commerce : mais il ne s'a-
git pas de tarifs obligatoires.

Un tarif obligatoire se comprend appliqué au chemin de fer

qui peut et doit suffire à toutes demandes d'expéditions et n'a pas à redouter de concurrence. Le bénéfice du tarif, en ce cas, est également acquis à tous les intérêts. Il n'en est pas de même s'il s'agit de transports maritimes. Le navire, si grand qu'on le suppose, n'a que des facultés de transport faciles à à épuiser. Quand le trafic abonde, les cales ne peuvent recevoir qu'une faible partie du chargement qui s'offre. Par suite le fret doit monter ; il monte sur les navires des entreprises concurrentes. Obliger la Compagnie postale à l'immobilité ou gêner sa mobilité dans l'échelle des frets, ce serait l'atteindre dans ses intérêts, sans profit pour le commerce ; car cette obligation ne bénéficierait qu'aux négociants en petit nombre qui auraient chargé sur le paquebot. Elle constituerait pour eux une protection exceptionnelle. et un désavantage pour la majorité des négociants qui n'auraient pas pu charger. En cas de stérilité du trafic, la fixité du fret ne serait pas plus équitablement imposée au paquebot poste : il perdrait toute chance d'être chargé. La ruine de l'exploitation commerciale pourrait être la conséquence de ce traitement d'exception, et par suite la durée du service postal se trouverait compromise.

On a dit que les contribuables étaient les associés de l'entreprise, par le fait qu'ils paient la subvention : c'est une supposition gratuite. La Compagnie Européenne et Australienne en Angleterre, la Compagnie Collins aux États-Unis, la Compagnie Hérout et de Handel, la Compagnie impériale de l'Algérie en France, pour ne citer que ces exemples, ont constaté, dans la ruine qui a frappé leur exploitation, qu'elles n'avaient à réclamer de l'État que la rétribution fixe qu'il leur avait promise en échange de l'accomplissement d'obligations définies. Les Compagnies exploitent à leurs risques et périls, et la liberté, pour elles, est la conséquence nécessaire de la responsabilité.

Quel est donc le devoir d'une Compagnie subventionnée envers l'État? Quels sont ses devoirs envers le commerce?

Nous l'avons dit en entrant dans cette discussion : bien remplir les engagements pris. Faire un service rapide, régulier et sûr, porter honorablement le pavillon national : voilà ce que la Compagnie doit au pays.

Au commerce national elle doit tout le concours qu'elle peut donner sans mettre en péril son exploitation dont le succès garantit seul la durée du service postal. Le négoce proprement dit lui est interdit par son cahier des charges ; elle n'a donc pas à prendre l'initiative des combinaisons du commerce. C'est au commerce à savoir utiliser les moyens de transport qu'elle tient à sa disposition. Pour elle, un devoir impérieux est de ne pas laisser ces moyens inertes ; c'est de ne pas faire naviguer sous le pavillon français des navires vides à côté de navires anglais chargés en plein. Elle doit donc attirer à ses paquebots la plus grande circulation possible de voyageurs, le plus grand mouvement de matières premières ou d'objets manufacturés. Si le sol national les donne, le profit est plus direct pour le pays. Mais si le territoire ne suffit pas à fournir les éléments d'un chargement rémunérateur, la Compagnie servira encore le pays en cherchant l'aliment qui lui manque dans les contrées voisines, c'est-à-dire en sollicitant le transit ; car le transit détermine tôt ou tard un trafic propre au territoire qu'il prend l'habitude de traverser.

Le concours le plus utile que la Compagnie peut donner, c'est de frayer au commerce, vers des marchés nouveaux, des routes jusque-là fermées pour lui. Lorsqu'elle prend l'initiative de ces essais, et que, sans demander à l'État une nouvelle assistance, elle fait servir à un surcroît de parcours accompli librement, l'épargne qu'elle a pu faire sur la subvention dont elle jouit pour ses services obligatoires, alors la Compagnie postale a largement rempli ses devoirs envers le commerce national et mérité peut-être quelque gratitude.

Ces devoirs, Messieurs, votre entreprise les a constamment pratiqués. Vos engagements envers l'État ont toujours été scrupuleusement tenus. Vous avez toujours fait plus que vous n'aviez promis.

Partout la navigation de vos paquebots a été régulière. Le meilleur gage de la bonne navigation est la bonne construction des navires et leur appropriation aux besoins qu'ils doivent desservir. Quarante-quatre paquebots construits dans vos chantiers ou sur les plans de vos ingénieurs, ont été présentés depuis 1852 aux commissions d'examen instituées par l'État. Aucun n'a été jugé au-dessous des conditions du cahier des charges. Plus d'une fois, dans vos assemblées, vous avez entendu la lecture des procès-verbaux de ces commissions rendant hommage au mérite de vos ingénieurs et signalant leur œuvre comme honorable pour l'industrie nationale.

Votre Compagnie n'a manqué à aucun appel de l'Empereur, soit pour la paix, soit pour les mouvements de la guerre. Plus de quatre cent mille hommes ont été transportés par vos paquebots en Crimée, en Italie et en Syrie. Vous avez donné un concours constant à l'extension du commerce national. Vous l'avez répandu dans toutes les parties de la Méditerranée ; vous l'avez introduit en Syrie, en Thessalie, dans le Danube, sur les deux rives de la mer Noire. Après avoir imprimé le premier essor, vous n'avez pas cessé de servir les développements que ce commerce a réalisés et qui ne cessent pas de s'accroître en même temps que grandissent vos propres moyens d'action.

En 1852, vous aviez seize navires, dont treize provenant de l'État, d'une force collective de 2,440 chevaux et 11,559 tonneaux de déplacement.

Ces paquebots transportaient 27,347 passagers et 9,338 tonnes de marchandises : le fret de la tonne était en moyenne de 217 fr. 47 c., la subvention de 25 fr. 51 c. par lieue, le parcours annuel de 105,216 lieues marines.

En 1866, votre Compagnie possède 63 navires, d'une puissance collective de 18,640 chevaux et 112,146 tonneaux.

En 1865, elle a porté, sur l'ensemble de ses lignes, 153,273 passagers et 169,857 tonnes de marchandises. Le parcours général s'est élevé à 472,215 lieues, dont 110,198 lieues parcourues falcultativement et sans subside ; le fret dans la Méditerranée et la mer Noire s'est abaissé à 59 francs par tonne; la subvention appliquée à l'ensemble de la navigation dans ces deux mers est descendue à 17 fr. 96 c.

Ainsi donc, en douze ans, votre flotte, comme tonnage, a décuplé :

La puissance en chevaux est huit fois plus grande ;

La vitesse a augmenté de 20 0/0 ;

Les parcours sont en voie de quintupler ;

Les transports en passagers ont presque sextuplé ;

Les transports en marchandises se sont élevés dans la proportion de 1 à 18;

La subvention s'est abaissée de près de 50 0/0 :

Le fret, de 78 0/0.

Voilà le résumé de l'activité qui vous est propre.

Voici un aperçu des accroissements du commerce national dans les principales contrées de la Méditerranée et de l'océan Atlantique que vos paquebots relient à la France.

Le commerce général avec l'Égypte, d'une valeur de 23 millions de francs en 1852, a atteint en 1864 198 millions (augmentation 760 0/0).

Le commerce général avec la Turquie a augmenté de 240 0/0 (de 87 millions en 1852 à 296 millions en 1864).

Votre Compagnie a été chargée, en 1854, des lignes d'Algérie. Le commerce générale de la colonie africaine représentait alors 140 millions. Il s'est élevé à 218 millions en 1864 (augmentation 52 0/0).

Les lignes postales du Brésil et de la Plata ont été inaugurées en 1860. En cinq ans la France a vu son commerce avec le Brésil, les républiques de la Plata et de l'Uruguay grandir dans la proportion de 93 0/0 (de 189 millions à 366 millions).

Pour apprécier l'importance de ces accroissements il convient de considérer que le commerce général entre la France et l'Angleterre, qui a reçu des effets du traité de commerce un mouvement d'ascension si décidé, a réalisé, de 1852 à 1864, un accroissement de 232 0/0. De 1860 à 1864, l'augmentation a été de 77 0/0.

La Turquie, les États de l'Amérique du Sud, l'Égypte surtout, ont dépassé ces proportions en elles-mêmes si considérables.

Peut-on croire que de pareils progrès auraient été réalisés sans la visite multipliée des paquebots? L'Égypte, plus largement servie à ce point de vue, doit à l'action incessante des influences européennes une excitation à développer ses richesses naturelles dont elle aurait été difficilement capable, malgré la crise américaine des cotons, et malgré la puissante volonté des princes qui l'ont gouvernée, si elle n'avait eu pour auxiliaire l'esprit d'entreprise de l'Europe, apporté chaque jour par le paquebot.

Loin de paralyser les industries du transport maritime, votre entreprise les a vues grandir autour d'elle à Marseille, et trouver dans ses besoins mêmes un aliment pour leurs opérations. C'est ainsi qu'en employant la première pour la navigation à vapeur, les houilles du midi de la France, elle a déterminé dans tout le bassin de la Méditerranée un mouvement d'exportation, dont une des moindres conséquences n'a pas été la création du fret de sortie qui manquait, à Marseille, aux navires à voiles.

Lorsque vous avez ouvert aux produits de l'industrie nationale sur toutes les côtes de ce grand bassin intérieur, des débouchés nouveaux, votre exemple a suscité à Marseille la formation de Compagnies de navigation à vapeur, ayant pour but le transport des marchandises et qui, pouvant naviguer avec l'économie qu'interdisent les exigences du service postal, vous disputent les chargements et réussissent à prospérer. Marseille, qui n'avait en 1852 que quarante-deux bateaux à vapeur (y compris les treize paquebots de la régie des finances), en comptait cent quarante-huit en 1864, d'après les relevés de la douane ; et dans ce nombre l'effectif des Messageries n'était compris que pour quarante-huit navires. La flotte libre à vapeur de Marseille a donc quadruplé en douze ans.

Service postal ponctuellement assuré et accéléré, extension volontaire et sans assistance de l'État des parcours réguliers ; concours efficace pour les transports de la guerre ; impulsion au progrès des constructions navales pour le commerce ; essor imprimé au commerce maritime de la France ; en regard du développement progressif des moyens de transport de la Compagnie, développement parallèle de la navigation à vapeur libre, fret de sortie créé pour la marine à voiles ; abaissement progressif du taux de la subvention postale dans la Méditerranée, restitution au Trésor de moitié de cette subvention, au moyen de transports gratuits ou à prix réduits et par le revenu postal ; enfin abaissement général dans la même mer, du taux des frets : tels sont les résultats que vous avez préparés ou auxquels vous avez été associés et qui, en définitive, ont contribué à grandir la fortune de Marseille, à donner un nouvel essor aux entreprises de Bordeaux, et à servir les intérêts du Pays tout entier. Nous étions donc autorisés à dire que vous avez largement rendu à la France les sacrifices qu'elle s'est imposés pour soutenir le service postal dans l'Océan et dans la Méditerranée.

Restent les lignes de l'Indo-Chine dont l'utilité même a été contestée.

Les explications qui précèdent auraient manqué le but s'il

n'en ressortait pas jusqu'à l'évidence que, dans les mers de l'extrême Orient, plus encore que dans les autres bassins précédemment livrés à l'exploitation des Compagnies subventionnées, la création de lignes postales sous le pavillon national, importait aux intérêts commerciaux de la France.

Nous n'avons pas ici à traiter de questions politiques; mais ce serait fermer les yeux sur les faits qui se manifestent avec le plus d'éclat dans notre temps, si, après avoir assisté aux luttes d'influence qui se sont produites autour de Constantinople, on ne reconnaissait pas dans l'extrême Orient, autour de la Chine et du Japon, les premiers effets du même travail d'émulation. Comme à Constantinople, les principales puissances de l'Europe sont en présence sur ce champ plus vaste. Offrant comme étendue l'équivalent de seize fois la Grande-Bretagne, selon la saisissante remarque d'un écrivain anglais, la Chine compte une population compacte de quatre cents millions d'individus de même origine, parlant la même langue, ayant les mêmes mœurs, population laborieuse et intelligente, habile à toutes les pratiques du commerce. Au Japon, puissance insulaire et grande puissance en Asie, quoique très-inférieure en proportion à l'empire continental de la Chine, vivent 40 millions de sujets dont la civilisation, différente de la nôtre, a donné, dans les arts et dans l'application des sciences, des résultats remarquables.

Fermés systématiquement aux étrangers, ces territoires ont été contraints récemment, par l'action militaire combinée de la France et de l'Angleterre, d'ouvrir leurs portes et d'accepter la loi des libres communications commerciales.

Comme derniers traits de ce tableau, la Chine et le Japon sont les marchés de production des riches matières premières que notre industrie consomme et qui alimentent les plus profitables opérations du commerce européen. De plus, elles offrent un large débouché aux expéditions de l'industrie européenne, puisqu'elles contiennent des multitudes de consommateurs. Par leur étendue, par leur éloignement du centre européen, elles découragent l'idée de la conquête. C'est donc par le commerce surtout que les nations européennes, intéressées dans la lutte d'influence désormais ouverte, s'appliquent à manifester leur puissance et à tirer parti des richesses naturelles que le renversement de barrières séculaires vient de livrer à l'exploitation du plus entreprenant et du plus habile.

Deux chiffres rapprochés suffiront à donner une idée de ces richesses.

En 1735 le commerce de la Chine avec toute l'Europe ne dépassait pas 12,000,000 de francs (1).

En 1786 (2), au témoignage du chevalier d'Entrecasteaux, quarante-huit navires étaient venus d'Europe pour exploiter ce commerce. Le célèbre navigateur considérait ce nombre comme excédant de beaucoup les besoins.

En 1864, le commerce général de la Chine (3) s'est élevé à 2 milliards de francs. Il avait même atteint 2 milliards 500 millions en 1863 et a subi un temps d'arrêt. Le commerce avec l'Europe comptait dans l'ensemble de 1864 pour 920 millions, et, dans ce dernier chiffre, le commerce avec l'Angleterre entre pour 806 millions. On a relevé, cette année-là, six mille mouvements de navires anglais dans les ports de la Chine. Le pavillon des États-Unis en revendique plus de cinq mille.

La France, avant 1860, n'avait avec ce grand foyer de commerce que des rapports directs insignifiants. C'est tout au

---

(1) Rapport de M. de Gennes de la Chancelière, lieutenant des vaisseaux du Roi. (1735, collection de M. P. Margry.)

(2) Même collection.

(3) Constaté par l'administration des douanes européennes, qui a fonctionné dans les ports chinois depuis le traité de 1861.

plus si, quatre ou cinq fois l'an, on voyait son pavillon dans le port de Canton.

Pourtant, depuis 1850, la Chine fournissait à la fabrique lyonnaise des quantités de soies qui, d'abord minimes, arrivèrent, en 1857, à dépasser une valeur de 100 millions de francs. Ces soies, apportées au marché de Londres comme la plupart des exportations de la Chine, n'arrivaient à Lyon que de seconde main.

Pour la politique commerciale qui a renversé en France les barrières de douane, et vise, en retour, à frayer à l'industrie nationale l'accès des grands marchés extérieurs, cet état de choses constituait un point de départ utile.

La première mesure à prendre était évidemment de faire paraître périodiquement le pavillon français dans les ports de l'Inde et de la Chine, de créer un échange régulier des personnes et des choses; en un mot, de substituer l'action constante du commerce, représenté par ses pionniers naturels, les paquebots, à cette action intermittente que manifeste l'envoi d'une division navale ou d'une armée, et qui laisse des dates à l'histoire, mais ne maintient pas des influences.

Pour remplir cette tâche, l'Empereur a daigné faire appel à votre Compagnie; c'était la marque la plus haute qu'il pût lui donner de sa confiance; car l'œuvre était exceptionnellement difficile, et il fallait une certaine hardiesse pour l'aborder. Des Compagnies anglaises ont peut-être offert de s'en charger; mais nous ne sachons pas qu'aucun groupe de capitaux français autre que celui que vous constituez, se soit mis sur les rangs pour tenter cette épreuve; et pourtant la pensée n'en était pas secrète, car la Chambre de commerce de Lyon avait publiquement sollicité la création du service postal français de l'Inde et de la Chine.

L'entreprise était hardie, car il s'agissait d'entrer en concurrence avec la plus puissante des Compagnies subventionnées de l'Angleterre, administrée par des directeurs d'une expérience consommée, et ayant pour base une exploitation prospère de vingt-quatre ans sans concurrence. La Compagnie Péninsulaire et Orientale avait reçu pour la création de sa première ligne entre Suez et Calcutta une subvention de 78 fr. 10 c. par lieue, ensuite un subside de 47 fr. 10 c. pour sa première ligne de Bombay à Hong-Kong; en somme, un subside moyen de 60 fr. 35 c. par lieue accordé pour huit ans à la navigation sur l'ensemble de ces lignes. Ces faits résultent des procès-verbaux de l'enquête parlementaire de 1859 sur le service postal et sur les télégraphes.

Le même document met en lumière les vicissitudes qu'a subies l'exploitation de la ligne d'Australie, deux fois ruinée et quatre fois remaniée, faute d'itinéraires bien calculés et faute aussi d'une subvention justement proportionnée. La Compagnie *Européenne et Australienne* perdit tout son capital en dix-huit mois. Une subvention de 4,500,000 francs pour un ensemble de parcours entre Southampton et Sydney, qui ne donnait à exécuter que 69,136 lieues dans les mers d'Asie, ne la mit pas en état de prévenir cette catastrophe.

La Compagnie *Royal Mail*, dont vous connaissez les ressources et l'habileté, ne réussit pas davantage et se retira promptement de la ligne avec des pertes sérieuses. La Compagnie Péninsulaire n'arriva au succès qu'après deux combinaisons infructueuses. Tel qu'elle l'exécute aujourd'hui, le service postal d'Australie comporte 41,600 lieues de Galles à Sydney. Il est rétribué par une subvention de 3,666,000 francs, c'est-à-dire sur le pied de 80 fr. 93 c. par lieue parcourue.

Si nous sommes entrés dans ces détails, Messieurs, c'est qu'ils aident à comprendre combien pouvaient être dangereuses les chances de votre entreprise, si le contrat de concession ne vous avait pas assuré, avec un itinéraire praticable, une mesure de concours financier suffisante. Durée de vingt-quatre ans garantissant l'utilisation du matériel à construire ; subvention décroissante faisant une juste part à la fois aux chances moins favorables du trafic des premières années, et aux développements raisonnables de l'avenir; liberté en matière commerciale, toute la liberté dont jouit l'exploitation concurrente : telles sont les bases qu'une étude attentive de la question a suggérées, sur lesquelles repose le contrat et dont l'expérience des trois ans écoulés, depuis l'inauguration du service, a démontré la rigoureuse justesse, puisque vous savez déjà que les produits de l'année ne permettent de vous distribuer que 50 francs par action, au lieu du dividende de 55 francs que vous avez reçu l'année dernière.

Cependant, Messieurs, on a signalé comme excessive la subvention dont vous jouissez. Cette appréciation ne se fût jamais produite, s'il avait été tenu un compte équitable des charges et des servitudes inhérentes au service postal, dans les conditions où il s'exécute au-delà de Suez.

Ces charges frappent à la fois le capital engagé dans l'entreprise et les dépenses dont l'exploitation entraîne chaque année le renouvellement. Garanties spéciales et coûteuses exigées dans la construction du matériel naval ; ampleur des dépôts d'approvisionnements ; création d'établissements de réparation et de ravitaillement : voilà pour le capital. Frais d'entretien d'amortissement et d'assurance proportionnels au surcroît du capital engagé dans la construction des navires ; excédant de dépenses pour la composition, la solde et la nourriture des équipages; atténuation des recettes résultant de la délivrance de passages gratuits ou à prix réduits, ainsi que des espaces prélevés à bord pour le logement de l'agent des postes et des dépêches, et nombre d'autres obligations onéreuses : telle est la part qui incombe à l'exploitation.

A ces charges qui se comptent, il faut ajouter tout ce qui échappe au calcul exact, c'est-à-dire ce qu'exigent la vitesse et la régularité. Qu'il nous suffise de constater que, dans les mers au-delà de Suez, le charbon coûte le double du prix de revient dans la Méditerranée; que le prix des subsistances atteint le triple; qu'un ouvrier entretenu à Suez et donnant, sous l'influence du climat, un tiers de travail de moins qu'à la Ciotat. coûte trois fois plus; qu'enfin la journée d'un ajusteur européen se paie 30 francs à Hong-Kong et 42 francs à Shang-Haï.

En regard de tels éléments de dépense, la Compagnie reçoit une subvention moyenne de 6,246,000 francs pour un parcours annuel de 123,458 lieues marines (1).

On a dit que vous receviez 625,000 francs pour un voyage. Il eût fallu ajouter que ce voyage embrasse 10,288 lieues marines et que la lieue parcourue se trouve ainsi rémunérée sur le pied moyen de 50 fr. 59 c. pendant toute la durée de l'exploitation. Si l'on veut considérer la subvention par périodes distinctes, on trouve, il est vrai, le chiffre de 63 fr. 24 c. par lieue pour les trois premières années: mais la dernière période ne donnera plus que 42 fr. 15 c.

Après les explications qui précèdent, lorsqu'il est établi que la Compagnie Péninsulaire a reçu au début de ses services de l'Inde une subvention de 78 fr. 10 c. par lieue, ramenée ensuite pendant huit ans à 60 fr. 35 c.; lorsqu'on sait que cette grande Compagnie, forcée de renoncer au service de la ligne d'Australie payé 107 francs par lieue, par la voie de Maurice, garde encore en regard d'un itinéraire plus approprié à ses moyens d'exploitation, un subside de 80 fr. 93 c. par lieue; quand on constate l'insuccès de la Compagnie *Royal Mail* et la ruine de

____

(1) Ce chiffre a été établi par le contrat additionnel du 2 juin 1854 qui a fixé en dernier lieu les itinéraires des lignes au delà de Suez. Il comprend pour 11,264 lieues le parcours à faire dans la Méditerranée pour la correspondance entre Marseille et Alexandrie, spécialement établie en vue du service de l'Indo-Chine.

la Compagnie *Européenne et Australienne*, sur la même ligne ; lorsque enfin l'on tient compte des charges si nombreuses et si lourdes dont est grevée, pour les exigences du service de l'État la navigation dans ces mers lointaines, on est fondé à dire que la subvention dont vous jouissez a été prudemment et équitablement calculée. Elle est loin d'être excessive. Elle n'est suffisante que si vous trouvez dans les produits de l'exploitation commerciale, le plus large aliment de vos recettes.

Nous ne pouvions espérer rendre cette exploitation fructueuse qu'en portant au-delà de Suez vos meilleurs bâtiments, vos agents, vos capitaines, vos officiers les plus distingués. Dans ces mers, où la France était à peine représentée par quelques négociants isolés, nous ne pouvions réussir, qu'en offrant aux étrangers qui devaient surtout prendre passage sur vos paquebots, la certitude qu'ils ne seraient nulle part mieux accueillis, mieux traités, qu'ils ne trouveraient nulle part au-delà de Suez un service plus sûr, plus régulier, plus rapide. Ces promesses, votre exploitation les a tenues, et vous avez recueilli le fruit des sacrifices que vous impose la plus difficile de vos entreprises, puisque, de même que les précédentes, elle est actuellement en voie de succès.

Vous devez ce résultat au dévouement de votre personnel ; vous le devez surtout au bon vouloir que, dès l'origine, les personnages les plus élevés de la hiérarchie coloniale dans les Indes et le public en général ont témoigné en faveur de vos services. Cette bienveillance ne s'est pas démentie, votre clientèle s'accroît tous les jours et se forme de voyageurs de toutes les nations représentées par leurs colonies dans l'extrême Orient. Un mouvement aussi marqué des sympathies générales a été pour nous un puissant encouragement. Nous avons particulièrement tenu à honneur la préférence que souvent les Anglais ont donnée à vos paquebots. Il nous a paru que votre Compagnie mériterait l'approbation de la France en s'appliquant à justifier la confiance de ces adversaires d'autres temps, nous acceptant pour émules dans la navigation où ils sont passés maîtres, et venant abriter sous le pavillon français, pour un voyage de trois ou quatre mille lieues, leurs familles, leurs richesses, les plus importantes expéditions de leur trafic.

Nous croyons fermement, Messieurs, que cette conduite a été meilleure que celle qui eût consisté à nous présenter au-delà de Suez comme patronnant exclusivement les intérêts du commerce français, intérêts à peine naissants et d'ailleurs confondus dans le puissant ensemble du commerce étranger. Le désir de nouer des rapports directs avec ce grand commerce a été pour la France le premier mobile de la création du service postal. La liberté commerciale était la devise de l'entreprise ; l'application à servir impartialement tous les besoins en est le devoir le plus impérieusement tracé.

Respecter également tous les intérêts c'était d'ailleurs le moyen de servir le mieux les intérêts français proprement dits, et l'événement l'a prouvé pour ce qui concerne le commerce des soies.

En 1865 votre exploitation ne comptait encore que trois ans d'existence (1) et déjà sur les 50,000 balles environ expédiées par la voie de Suez, pendant cette année, des ports de la Chine, du Japon et des Indes, les paquebots français ont livré à la douane de Marseille 20,000 balles de soie. Vous n'accomplissez que douze voyages par an ; les paquebots anglais

---

(1) En 1861 (année de la concession), les exportations de soie de la Chine à destination des fabriques de l'Europe étaient très-actives; en 1863 (époque de l'inauguration du service) elles étaient devenues difficiles sous la pression des guerres de rébellion. Les paquebots français ont apporté cette année-là à Marseille 375,000 kilogrammes de soie seulement ; en 1864, 400,000 kilog.; en 1865, 1,138,000 kilog. Les exportations générales étaient meilleures en 1865 ; la clientèle de la Compagnie s'était formée. Les paquebots, au début de la saison, embarquaient autant de balles de soie qu'ils en pouvaient porter. Un de ces chargements représentait plus de 20 millions de francs. En résumé, les Messageries ont livré à la douane de Marseille, en 1865, 19,612 balles de soie.

qui en effectuent 24, ont reçu les 30,000 balles formant le complément de l'expédition de 1865 et en ont débarqué 5,000 en France ; les 25,000 autres ont été dirigées d'Alexandrie sur Londres par le détroit de Gilbraltar.

Marseille a donc reçu, en 1865, la moitié de l'exportation des soies de l'extrême Orient, tandis que, avant la création du service postal français et malgré l'arrivée périodique à Marseille, depuis quinze ans, de deux courriers anglais venant de la Chine par mois, la France n'en recevait pas en moyenne un dixième. Les neuf dixièmes passaient par Gibraltar.

Il est vrai que des 25,000 balles de soie débarquées à Marseille en 1865, 15,000 ont été acheminées en transit sur Londres ; mais déjà l'importation directe de 10,000 balles réalise pour la France un progrès d'un véritable intérêt.

Il ne faut pas oublier que le commerce anglais a eu le premier la pensée de demander à la Chine les soies que consomment les fabriques de l'Occident. Londres est devenu naturellement ainsi le marché européen des soies orientales. Encore aujourd'hui, c'est le commerce anglais qui fait de Shang-Haï et de Yoko-Hama les principales expéditions de soie. On a cru trouver la cause de cette situation dans les facilités particulières et même secrètes que votre Compagnie donnerait au transport des soies à Londres. On a mal compris ces facilités, qui sont ostensibles. Elles se réduisent aux soins donnés à la réexpédition en transit de Marseille à Londres, sans autres frais que ceux stipulés au port d'expédition (1). La faculté d'entreposer sans frais à Marseille n'est évidemment qu'une incitation à vendre en France ; elle ne peut pas raisonnablement être interprétée comme un excès de

---

(1) Il a été établi que ces frais comprennent, indépendamment du fret maritime, 20 taels, c'est-à-dire environ 160 francs, qui représentent le prix du transport en transit. La Compagnie joue le rôle de commissionnaire réexpéditeur, sans prélever de commission pour son entremise.

faveur pour le commerce étranger. Mais la vraie raison qui maintient le marché des soies à Londres, c'est que la masse des opérations commerciales de l'Europe avec la Chine trouve à Londres son centre de direction. Cette grande place agit à la fois sur l'importation en Chine des tissus anglais, et sur l'importation en Europe des matières premières qu'elle exporte de la Chine. Elle agit, même en spéculant, sur les besoins de la consommation chinoise et sur ceux de la fabrique européenne, et peut ainsi, dans un ensemble d'opérations dont les chances se compensent, procurer à l'industrie lyonnaise les soies dont elle a besoin, sans que cette industrie coure aucun risque et fasse aucune avance. Ce n'est pas l'épargne des frais de transport de Marseille à Londres qui peut modifier pour le destinataire lyonnais cette situation, car cette épargne est pour lui sans importance (1).

Il n'en est pas moins vrai qu'il y a profit de temps et d'argent à fixer à l'entrepôt de Marseille, le terme du voyage des soies orientales qui doivent se consommer en majeure partie en France, en Italie, en Suisse et en Allemagne. L'économie de temps est surtout à noter ; car il y a intérêt à liquider promptement des opérations où s'absorbent d'aussi grands capitaux. Sans violenter les habitudes du commerce, sans créer de protection pour aucune place, on peut prévoir, par le fait même, que les soies destinées à être consommées sur le continent vont à Londres en passant par Marseille, qu'elles s'arrêteront de plus en plus à Marseille. C'est le bénéfice naturel qu'il faut attendre de a situation géographique de notre pays ; le com-

(1) Le fret maritime pratiqué sur les soies orientales est de 2 1/2 0/0 environ de la valeur rendue à Marseille. La différence entre le prix de la tonne transportée en transit de Marseille à Londres et le prix de la tonne arrêtée à Marseille est de 2 1/2 pour mille. C'est donc à juste titre que la Chambre de Lyon constate elle-même qu'au point de vue de l'approvisionnement de la fabrique lyonnaise, cette différence n'a qu'une faible importance.

merce anglais réalisera probablement le premier, les épargnes
d'argent et l'économie sur le temps, que l'entrepôt de Marseille
procure aux importations de soies orientales. Il opérera en
France, et notre commerce gagnera indirectement à ces opérations. Le commerce français y participera directement de son
côté, et nous croyons qu'il y participera de plus en plus, s'il ne se
contente pas de demander à Shang-Haï ou à Yoko-Hama les soies
nécessaires à Lyon, et qu'à l'imitation du commerce anglais, il
importe en Chine les marchandises que la Chine consomme, et
que notre industrie peut produire. Ce n'est pas une pure hypo-
thèse que nous émettons; nous savons que des maisons françaises sont déjà entrées dans cette voie, et que d'autres ne
tarderont pas à les y suivre; le service postal français aura
déterminé ce résultat.

Un autre signe de l'avenir promis à ce commerce est la tendance marquée des espèces monétaires à préférer Marseille à
Londres, comme port d'exportation pour l'extrême Orient. Une
circulaire anglaise constatait récemment cette tendance, et n'y
voyait qu'un résultat logique du libre jeu des intérêts commerciaux. Cette logique est aussi vraie quand elle s'applique au
commerce des soies. Le progrès de l'exportation du numéraire
est dû à la création d'un mouvement de transit, et c'est encore au transit que devra son origine, un autre mouvement
d'exportation destiné à acquérir une importance croissante et
dont le premier essor, mal compris, a soulevé, de même que le
transit des soies, les critiques les plus imméritées.

La France, dans l'état actuel de son industrie, n'offre qu'en
faibles quantités les éléments nécessaires au chargement des
paquebots à destination de l'extrême Orient. Elle offre surtout
des produits de luxe et des marchandises fines. Ces marchandises, intéressées à arriver vite, peuvent supporter le fret que
justifie le coût de la navigation à vapeur. Elles sont taxées,
par la Compagnie anglaise comme par vous-mêmes, au prix de

130 francs les 100 kil. Pendant les premiers temps de l'exploitation, vos navires, qui peuvent recevoir de 5 à 600 tonnes de marchandises, n'ont pas eu d'autre aliment pour leurs cales que ces produits riches qui donnaient à chaque départ de Marseille 40 à 50 tonneaux seulement.

Les paquebots français partaient ainsi à peu près vides, tandis que les paquebots anglais emportaient d'Angleterre un plein chargement de tissus. Nous avons imité nos concurrents, et, ne trouvant pas un aliment suffisant en France, nous avons sollicité les tissus suisses et anglais à venir à Marseille en transit. Pour y réussir, nous avons fait les sacrifices nécessaires et fixé à 65 francs, à Zurich, par exemple, le fret de 100 kilogrammes expédiés de Suisse pour Hong-Kong. Mais nous n'avons lésé aucun intérêt français; car des marchandises similaires, expédiées le 19 janvier, avaient été taxées à Marseille au fret réduit de 55 francs, et la circulaire de Zurich est datée du 1er février. Les tissus de Roubaix, les tissus de coton de la Meuse, les draps légers de Vienne, en un mot, tous les tissus de faible valeur passent au même prix; Mulhouse se préoccupe d'essayer cette voie. Nous ne doutons pas que graduellement l'industrie nationale ne fabrique avec succès ces produits à l'usage du grand nombre que réclament les besoins de l'extrême Orient, et alors aux exportations en transit succéderont de plus en plus pour vos paquebots les exportations des produits de la France. C'est le transit, une fois encore, qui aura décidé cette évolution.

Messieurs, nous ne prolongerons pas cet exposé déjà très-développé. Nous ne croyons pas devoir réfuter en détail des arguments qui n'auraient jamais dû être portés devant le Corps législatif. Nous ne nous arrêterons pas à prouver que nous n'usons pas de contre-lettres. N'ayant pas de tarifs obligatoires, nous n'avons pas besoin de dissimuler le fret appliqué sur nos connaissements; cette réflexion aurait dû frapper ceux qui nous prêtent des procédés commerciaux que nous n'avons jamais pratiqués. Nous ne dirons rien non plus d'un procès de Rouen qui est complétement étranger à la discussion de principe que nous avons portée devant vous (1).

Au reproche qui nous a été fait d'appliquer un fret trop élevé au transport des graines de vers à soie du Japon, nous répondrons que, les premiers, vos paquebots ont apporté avec succès en France ces précieuses semences; que le fret n'a donné lieu à aucune réclamation, tant qu'il s'est appliqué à des opérations bien conçues ; qu'il n'a paru excessif que lorsqu'il a grevé des spéculations intempestives et dont l'insuccès est exclusivement dû à la qualité défectueuse de la marchandise (2.)

Nous donnerons d'ailleurs au commerce l'assurance empressée, que, dans l'usage prudent que vous ferez toujours de la liberté qui vous appartient, vous vous appliquerez de plus en plus à étudier ses convenances et à répondre à ses besoins.

Ici, se termine ce que nous appellerions notre justification

(1) Ce procès avait trait à une question d'interprétation du cahier des charges des chemins de fer à l'occasion d'un tarif commun qui, aux yeux du tribunal de Rouen, rendait la Compagnie des Messageries solidaire des Compagnies de chemins de fer directement mises en cause. Les Messageries n'ayant pas de tarif obligatoire s'étaient cru autorisées en droit à réduire leur part du tarif commun. Le tribunal de première instance ayant jugé contrairement à cette interprétation, les Messageries ont interjeté appel ; une transaction est intervenue sur appel et il n'y a pas eu jugement définitif. En tout cas, on ne comprend pas que ce jugement ait pu être invoqué comme une preuve que la Compagnie dissimule par des contre-lettres le fret inscrit sur ses connaissements. C'est la preuve contraire qui en résulterait, car des contre-lettres auraient dissimulé la réduction au tarif commun qui a motivé le jugement et qui n'a été saisissable que parce qu'elle était ostensible.

(2) Un carton de graines de vers à soie du Japon s'est vendu facilement en France 10 francs en 1864 et 1865. On a vu dans le département de la Drôme le prix de vente s'élever jusqu'à 22 francs. Le fret appliqué, par les Messageries comme par la Compagnie anglaise, au transport des graines tient compte à la fois du poids brut et du volume, qui varient par chaque expédition selon l'emballage. En moyenne, il frappe chaque carton d'une taxe de 0 fr. 65 à 0 fr. 70 c., taxe modérée si le carton se vend 10 francs.

si, en quoi que ce fût, l'accusation qu'on a portée contre votre Compagnie était méritée. Pour vous comme pour nous, l'examen scrupuleux d'une exploitation qui compte bientôt quinze ans révolus et, après avoir commencé dans la Méditerranée, embrasse aujourd'hui la moitié des mers du globe, aura été l'occasion de mettre hors de doute que, si vous faites honnêtement fructifier vos capitaux, vous accomplissez en même temps une œuvre profitable et honorable pour la France !

NOMINATION DE DEUX MEMBRES DU CONSEIL D'ADMINISTRATION.

Un dernier mot, Messieurs, pour payer le tribut de nos regrets à l'un des membres de notre Conseil, que nous avons perdu depuis votre dernière assemblée. M. Breittmayer, mêlé depuis longues années aux affaires de l'industrie des transports, avait acquis en dernier lieu une valeur plus marquée dans la direction de la Société des Docks et Entrepôts de Marseille, Il a été pour nous un collègue utile et dévoué. C'est donc avec chagrin que nous l'avons vu disparaître de nos rangs.

Un des plus anciens membres adjoints du Conseil, M. le baron Cailus, nous a offert sa démission que nous avons acceptée.

Pour remplir ces deux vacances, usant des pouvoirs que nous confère l'article 20 des statuts, nous avons fait choix, provisoirement et sous la réserve de votre ratification, de M. O. Galline, comme administrateur et de M. J. Maisonhaute, comme administrateur adjoint.

M. Galline occupe dans les affaires une situation qu'il suffit d'indiquer pour motiver notre proposition. Il est depuis longtemps un des premiers négociants de la place de Lyon, dont

M. Breittmayer avait, le premier, représenté les intérêts dans notre Conseil. Il a été associé à toutes les entreprises des Messageries dans le bassin du Rhône. Il est aussi l'un de vos principaux actionnaires, et le choix que vient de faire de lui la Compagnie du chemin de fer de Lyon, comme membre de son Conseil d'administration, confirme les raisons directes qui nous avaient nous-mêmes décidés, il y a quelques mois, à appeler parmi nous l'honorable candidat que nous présentons à vos suffrages.

Vous connaissez tous M. Maisonhaute, l'un des administrateurs de la Compagnie des Messageries impériales de terre. Sa longue expérience et la connaissance qu'une collaboration de quinze années lui a donnée de vos affaires, sont, ainsi que son caractère, les meilleurs garants des avantages que nous attendons de sa présence dans notre Conseil.

Nous vous prions de confirmer les choix que nous avons faits de M. Oscar Galline comme administrateur, et de M. Maisonhaute comme administrateur adjoint.

En résumé, Messieurs, nous avons l'honneur de vous proposer les résolutions suivantes :

PREMIÈRE RÉSOLUTION.

Les comptes de l'exercice 1865 sont approuvés.

DEUXIÈME RÉSOLUTION.

Le dividende de l'exercice 1865 est fixé à 50 francs par action, savoir :

20 francs déjà payés en vertu des pouvoirs donnés au Conseil d'administration par l'article 40 des statuts ;

30 francs payables à partir du 1er juin prochain.

Le reliquat de 40,448 fr. 97 c. sera porté au crédit de l'exercice 1865 et entrera, sauf liquidation de cet exercice, dans les comptes de profits et pertes de 1866.

TROISIÈME RÉSOLUTION.

Le Conseil d'administration est autorisé à émettre jusqu'à concurrence de 10 millions de francs d'obligations, dans les conditions et suivant le système qui seront reconnus les plus favorables aux intérêts de la Compagnie.

QUATRIÈME RÉSOLUTION.

Est ratifiée, aux termes de l'article 20 des statuts, la nomination faite, à titre provisoire, par le Conseil d'administration, de M. Oscar Galline en qualité d'administrateur, et de M. J. Maisonhaute en qualité d'administrateur adjoint.

ANNEXE

Au rapport présenté à l'Assemblée générale du 31 mai 1866.

Situation au 31 décembre 1865.

ACTIF.

Matériel naval..	83,683,581 17	
Approvisionnements (Dépôts de Charbon, Rechanges et Travaux en cours)	13,094,685 82	
Outillage, Mobiliers et Apparaux.	3,729,886 10	
Immeubles et Établissements	8,091,966 35	120,508,975 08
Valeurs de Caisse et de Portefeuille . . .	6,050,154 16	
Balance des Comptes divers, Débiteurs et Créanciers	5,833,701 48	
Comptes avec le Trésor (Cautionnement).	5,000 »	

PASSIF.

Trésor créancier (Prêt de l'État pour les services de l'Indo-Chine)	11,550,166 67	
Amortissements, Assurances et Réserves. .	32,317,756 87	
Obligations.	18,000,000 »	120,508,975 08
Actions.	55,000,000 »	
Solde à répartir	3,632,051 54	

IMPRIMERIE CENTRALE DES CHEMINS DE FER. — A. CHAIX ET Cⁱᵉ, RUE BERGÈRE 20, A PARIS. — 4161.